Unidad es Paz

Un Discurso de
Sri Mata Amritanandamayi
en la Conmemoración Interfe en honor
del 50º aniversario de la Organización de
las Naciones Unidas,

Nueva York, 21 de octubre de 1995

Mata Amritanandamayi Center, San Ramon
California, Estados Unidos

Unidad es Paz

Un discurso de Sri Mata Amritanandamayi en la Conmemoración Interfe en honor del 50º aniversario de la Organización de las Naciones Unidas, Nueva York, 21 de octubre de 1995

Traducido del malaialam al inglés por:
Swami Amritaswarupananda

Publicado por:
Mata Amritanandamayi Center
P.O. Box 613, San Ramon, CA 94583
Estados Unidos

———————— *Unity is Peace (Spanish)* ————————

Copyright © 1997 Mata Amritanandamayi Mission Trust, Amritapuri, Kerala 690546, India

Todos los derechos reservados. No se permite la reproducción total o parcial de este libro, ni su incorporación a un sistema informático, ni su transmisión, reproducción, transcripción o traducción a ninguna lengua, en ningún formato y por ninguna editorial.

Primera edición por MA Center: septiembre de 2016

En España: www.amma-spain.org
 fundación@amma-spain.org

En la India:
 inform@amritapuri.org
 www.amritapuri.org

Contenidos

Prefacio	4
Introducción	8
Unidad es Paz	14

Prefacio

¿Puede usted imaginarse a una muchacha aldeana común y corriente de una aldea pesquera del sur de la India, quien nunca terminó su educación formal, que es de apariencia totalmente humilde y terrenal, vestida en sencillas ropas blancas, hablando en el Parlamento de las Religiones del Mundo de Chicago, en septiembre de 1993, plataforma compartida por muchos eminentes eruditos de todas partes del mundo; y más tarde pronunciando un discurso en la Conmemoración Interfé que fuera celebrada en Nueva York, en honor del quincuagésimo aniversario de la Organización de las Naciones Unidas, y capturando allí la atención y el reconocimiento de la gente más culta e instruida? Viviendo en una época en la que la existencia de Dios y la pertinencia de la espiritualidad están siendo seriamente cuestionadas e incluso criticadas, ¿qué explicaciones pueden dar los supuestos intelectuales y escépticos a una personalidad tan irresistible como Amma, Mata Amritanandamayi?

Nuestra sociedad moderna, en la que la gente corre frenéticamente tras las ilusiones pasajeras de la vida, ha quedado abrumada por decepciones y frustraciones. La ciencia está dando grandes saltos hacia adelante, pero al mismo tiempo, la existencia de los seres humanos sobre la faz de la Tierra se enfrenta a varias amenazas graves. La humanidad ha perdido contacto con la vida real, la cual se basa en valores superiores. Esta era, que puede verdaderamente llamarse "la Era de la Agonía," necesita una solución espiritual para despertar a los seres humanos de su sueño. Ya es hora que echemos una buena mirada a los problemas que acosan a cada país, y que tratemos de solucionar esos problemas desde un ángulo espiritual. Como la Madre dice correctamente en Su discurso: "La ciencia, que hasta aquí se ha desarrollado a través del intelecto humano, sólo puede perfeccionarse a través de la meditación. Unicamente a través del conocimiento del Yo interior puede la ciencia alcanzar su más elevado pico."

Hablando de "Visiones para el Siglo XXI," Amma, a Su manera simple y lúcida, menciona los problemas básicos de la vida y sugiere soluciones espirituales.

Sólo los grandes Maestros como la Madre, quienes se han sumergido profundamente en sus propias conciencias, pueden guiar a la humanidad por el sendero correcto. La verdadera integración nacional y la unión entre los diferentes países y sus pueblos puede acontecer solamente en la Luz y el Amor que los Maestros siembran en los corazones de los seres humanos. La presencia radiante de un verdadero Maestro es el más fértil de los suelos de donde podemos simplemente salir a la luz de la verdadera libertad, el verdadero amor, y la verdadera unidad, como brotes nutridos en la tierra saliendo al cálido sol de la primavera.

Sólo a través del amor puede unirse la humanidad. Como Amma lo expresa en Su discurso: "Una gota de agua no puede ser un río; un río está formado por numerosas gotas de agua. Es la reunión de incontables gotas que crea una corriente. La corriente real de vida yace en la unión, en la unidad que surge del amor."

El fenómeno conocido como Mata Amritanandamayi es tan misterioso como el universo. En tanto más cerca estamos de Ella más misteriosa Se torna. Yo no sé cómo usted, el lector, explicaría el maravilloso fenómeno que es la Madre. Una persona como yo sólo puede inclinarse en total silencio, humildad, y entrega enfrente de esta personalidad increíble e incomprensible, que, yo creo, es Sarvatita, quien está más allá de todo — el verdadero Principio del Más Allá.

Las palabras contenidas en este libro le darán al lector un vislumbre de la infinita sabiduría que la Madre imparte a la raza humana.

Swami Amritaswarupananda

Introducción

Una ola de susurros: "¿Quién es Ella?..." "¿Quién es ésa?..." "¿Quién...?" "¿Quién...?" "¿Quién...?" llenó el Synod Hall en la Catedral de San Juan El Divino en Nueva York mientras numerosas cámaras emitían fogonazos y los cuellos se estiraban para observar cuando nuestra bienamada Amma entró para ocupar Su asiento. La ocasión era la reciente congregación de líderes religiosos en conmemoración del 50º Aniversario de la Organización de las Naciones Unidas el 21 de Octubre. No fue ninguna crítica al orador que casualmente se encontraba en el podio cuando las cabezas giraron a 180 grados de él hacia la Brillante Luz que ha robado toda nuestra atención y nuestros corazones. Después de todo, nadie podría competir con éxito por la atención de más de un quinto de los concurrentes que parecían ser fervientes devotos de Amma representando grupos de satsang de todas las regiones de los Estados Unidos, Canadá, y más.

Amma fue buscada activamente por el comité organizador para que se desempeñara como especial oradora en la Conferencia de la ONU sobre "Visiones para el Siglo XXI." Como es habitual,

Ella mantuvo a todo el mundo en suspenso acerca de Su participación hasta el último minuto, cuando cientos de devotos se precipitaron a las agencias de viajes y a las aerolíneas para arreglar sus traslados a Nueva York y ver allí a Amma.

La principal presentación de Amma en la ONU fue el día sábado 21 de octubre. Ella compartió un panel por la tarde con el ganador del Premio Nobel de la Paz, Oscar Arias, ex-Presidente de Costa Rica, y con Dada Vaswani, líder de la Sadhu Vaswani Mission.

Más tarde esa noche, Amma, Swami Amritaswaruananda, Swami Ramakrishnananda, Swami Amritatmananda, Swami Premananda, Swamini Amrita Prana, Swamini Krishnamrita Prana y Brahmachari Dayamrita Chaitanya, todos se dirigieron juntos en procesión con otros líderes religiosos hacia el interior de la catedral. Cada tradición presentó una oración, una canción o un baile en conmemoración de la unidad divina de todos.

Hubo una invocación a la paz de despedida conducida por los líderes espirituales representando a cada religión, y Amma, representando al Sanâtana Dharma, repitió el mantra: "Om

Lokah Samastah Bukhino Bhavantu," mientras todos se Le unieron.

El aniversario de la ONU comenzó con plegarias y visiones de las antiguas tradiciones religiosas del mundo, pues la verdadera compasión sólo puede alcanzarse a través de las prácticas espirituales. En ¡Awaken, Children!, volumen 5, Amma dice que la compasión es una extensión de la fe en la existencia del Amor que todo lo penetra. "Cuando el amor se convierte en Amor Divino, la compasión también llena el corazón. El amor es el sentimiento interior y la compasión es su expresión. La compasión no ve las faltas en los demás. No ve las debilidades de las personas. No hace distinciones entre gente buena y gente mala. La compasión no puede trazar líneas divisorias entre dos países, dos credos, o dos religiones. La compasión no tiene ego; así, no hay miedo, lujuria o pasión. La compasión simplemente perdona y olvida. La compasión es como un pasaje. Todo pasa a través de ella. Nada puede quedarse allí. La compasión es amor expresado en toda su plenitud."

El Templo del Entendimiento y el Concejo de Organizaciones Religiosas e Interfé patrocinaron esta conferencia, una tribuna para líderes religiosos, diplomáticos, organizaciones no-gubernamentales, y educadores para que presenten sus visiones para el próximo siglo. Un informe de la conferencia debía ser presentado a la ONU mientras que la Conferencia de Alto Nivel del 50º Aniversario todavía estaba en sesión. El Dr. Karan Singh, Presidente del Templo del Entendimiento, abrió la sesión con versículos-sagrados. El explicó con más detalles la intención de la conmemoración, la que estaba inspirada por el reconocimiento de la necesidad de que las "dimensiones políticas estén moldeadas por las dimensiones espirituales," que la ONU y la UNESCO deben suministrar un nuevo paradigma de pensamiento que esté centrado en la responsabilidad de fomentar valores globales de consideración, compasión, y tolerancia. Los treinta y dos oradores incluían líderes religiosos de varias tradiciones, así también como unos pocos jefes de estado y eruditos. Otras religiones representadas eran el budismo, el cristianismo, el judaísmo, el islam, el sintoísmo, el sikhismo, el zoroastrismo, el baha 'I, y la religión tradicional akuapim de Ghana.

La asamblea interfé llamó a un apoyo interactivo entre la comunidad religiosa y la

Organización de las Naciones Unidas, los Estados Componentes de la ONU, y las organizaciones no-gubernamentales. Jonathan Granoff, Presidente de la Conferencia, escribe: "La estructura institucional dominante del mundo de hoy es la de estado-nación. La estabilidad de las naciones es la estructura institucional dominante en la cual se originan las actividades de la Organización de las Naciones Unidas. Proponemos una dimensión adicional: la expresión de toda la humanidad basada en valores universales con teoría social y política social que manifiesten estos valores. Estos cimientos fundamentalmente morales para la política social no pueden continuar siendo ignorados. Podemos dar vida al corazón y a la visión de la humanidad solamente si recurrimos a raíces más profundas de la misma. Es todo lo que el mundo necesita."

La entrada de Amma al Salón y Su presencia durante las presentaciones fue deslumbrante, y Su incomparable mensaje, para el cual Swami Amritaswarupananda hizo de intérprete, fue refrescante para oídos que anhelan oír la Verdad que sólo un mahâtma puede entregarnos.

Unidad es Paz

Un Discurso de
Sri Mata Amritanandamayi
en la Conmemoración Interfe en honor
del 50º aniversario de la Organización de
las Naciones Unidas,

Nueva York, 21 de octubre de 1995

Unidad es Paz

Discurso de la Santa Madre Amritanandamayi Devi en la Catedral de San Juan El Divino, aniversari Nueva York, en ocasión del quincuagésimo o de la Organización de las Naciones Unidas, 21 de octubre de 1995.

Crecer y desarrollarse es el lema de todas las naciones y de todos los individuos en la era moderna. ¿No es acaso bueno crecer y desarrollarse? ¡Por cierto que lo es! Esos son los signos de la vida real. La vida misma se marchitaría si no hubiese crecimiento y desarrollo. Sin estos dos factores, la vida no tiene sentido. Muchos países han experimentado sorprendente crecimiento económico. Sin embargo, interminables problemas restan todavía en esos países. Pueden existir amenazas externas de otros países también. En general, la gente de todos los países está insatisfecha y desasosegada, sus mentes están llenas de miedo y sospecha. El mundo está ardiendo como un volcán. Vivimos en un mundo donde las personas y las naciones están listas para pisotearse y destruirse unas a otras si se da la oportunidad.

La Madre no está diciendo que el bien y la gente buena hayan desaparecido completamente de la faz de la Tierra. Hay, por supuesto, gente virtuosa y organizaciones como las Naciones Unidas, que están luchando duro para restituir la paz y la armonía perdidas de este planeta. Pero el bien en el mundo no está creciendo al ritmo necesario para resistir las rápidamente crecientes fuerzas del mal. Hemos olvidado el amor, el interés, y la confianza que se supone los seres humanos deberíamos mostrarnos unos a otros. "Mientras consiga lo que yo quiero, ¡no me importa cómo lo logro!" Así es cómo piensa mucha gente, y los pensamientos de cada individuo se reflejan en los pensamientos colectivos de una nación, y se hacen parte de esos pensamientos. El desarrollo material de un país no es el único criterio por el cual puede medirse el crecimiento de una nación. El progreso debería evaluarse también a la luz de las tendencias inherentes de las personas y de la calidad de sus pensamientos. Compitiendo unos con otros por razones mezquinas, los seres humanos están sacrificando los valores superiores de la vida. Esta es la condición de la sociedad moderna. Es una situación trágica.

La vida se ha convertido casi en un campo de batalla. Los parientes y los amigos, quienes alguna vez fueron seres queridos y allegados, a menudo se convierten en enemigos esperando ansiosamente la oportunidad de destruirse unos con otros. Aquéllos que hoy pelean juntos lado a lado, más tarde se dividen y se los puede encontrar peleando entre sí. En nuestros días, éste es un panorama común en el mundo. El ego y el egoísmo del hombre han tornado las relaciones humanas en bajos asuntos formales. Nuestra preocupación por los semejantes se ha perdido. Nuestras cualidades como verdaderos seres humanos están siendo sacrificadas.

Hay una historia acerca de un hombre que estaba involucrado en un juicio. El pensaba que podía perder el caso, y desesperadamente le dijo a su abogado que iba a enviarle al juez un juego completo de palos de golf como soborno. El abogado se escandalizó y le dijo a su cliente: "El juez es un hombre muy orgulloso de su honestidad. El no puede ser sobornado; si haces eso, sólo servirá para poner al juez en tu contra."

El hombre ganó el caso, y cuando todo había concluido, invitó a su abogado a cenar. Le expresó su gratitud por el consejo relacionado a los palos de golf. "En realidad, yo sí le envié los palos al juez," dijo, "pero se los envié en nombre de nuestro oponente."

Así es cómo trabajan las mentes de muchas personas en el mundo de hoy. Hay una falta de valores humanos y espirituales.

Los países proclaman que ellos han hecho grandes progresos en muchos terrenos. Esto puede ser verdad, pero como un todo, su crecimiento está atrofiado. Un país puede estar creciendo externamente, pero el alma interior se está debilitando.

Una persona es de muy buen aspecto y tiene una personalidad atractiva. Nadie puede pasar a su lado sin mirarla por lo menos una vez. ¿Pero qué pasa si está realmente gravemente enferma? ¿Qué pasa si sucede que esta misma persona está muriéndose de un ataque al corazón? Esta es la condición de muchos países: la fachada externa está embellecida en gran medida, pero el interior está cayéndose a pedazos. ¿Significa esto, entonces, que estamos equivocando el camino correcto?

Hubo un tiempo en el que el intelecto del hombre estaba menos desarrollado de lo que lo está hoy, en el cual él observaba los fenómenos naturales tales como el océano, una tormenta, los truenos y los rayos con total admiración. Cuando el tiempo pasó, y se profundizó el poder de pensar del hombre, él empezó a mirar más profundamente a estos fenómenos y a investigar más acerca de ellos, más bien que simplemente observarlos. Se esforzó entonces para sumergirse profundo en los misterios del universo. Inventó muchas cosas a través de sus experimentos. Descubrió incluso los componentes esenciales del átomo. Llegó a la luna. Muchos sueños, alguna vez considerados como imposibles de realizar, ahora han sido alcanzados y están bajo su control. Por medio de la capacidad del intelecto solamente, él ha establecido incluso su supremacía en el espacio. También ha producido computadoras para hacer casi cualquier clase de trabajo. No obstante, hay una cosa que sigue siendo desconocida, y que está más allá del alcance del hombre. Ese es el poder infinito de su propio Yo superior. El hombre sigue siendo ignorante de la verdad que el Poder Universal existe dentro suyo. Esta creencia todavía no ha echado raíces en él. La suprema Verdad puede obtenerse sólo a través de la fe y la meditación.

Que nuestro esfuerzo para descubrir nuestra propia naturaleza esencial — ese Poder Universal interior — sea un rasgo característico del nuevo milenio en el que estamos a punto de ingresar. Que éste sea reconocido como uno de los objetivos importantes del próximo siglo. No tenemos nada que perder confiando en el infinito poder del Yo superior, excepto el cautiverio de nuestra propia ignorancia. La cadena de limitaciones que nos ata debe romperse, para que se abran nuestros corazones, para que nos conozcamos unos a otros, y para que entendamos el dolor y el sufrimiento de los demás poniéndonos en su lugar.

La ciencia, que tanto se ha desarrollado a través del intelecto humano, sólo puede perfeccionarse por medio de la meditación. Unicamente a través del conocimiento del Yo interior la ciencia podrá alcanzar su más elevado pico. En lo que a la ciencia moderna se refiere, el mundo entero cae dentro de dos categorías: lo conocido y lo desconocido. En el futuro los científicos descubrirán mucho de lo que aún no es conocido. Pero es lo desconocido, aquello que está mucho más allá del intelecto, lo que debemos tratar de descubrir. Eso es Dios, o nuestro propio Yo superior.

Tenemos la tendencia de sentirnos orgullosos de nuestro conocimiento. Pero si nos detenemos por un momento y pensamos acerca de ello, nos daremos cuenta que estamos llevando una vida casi inconsciente. ¿Cuántas veces al día somos realmente conscientes de nuestro cuerpo? Cuando comemos, ni siquiera somos conscientes de nuestra propia mano que nos alimenta, ni de la lengua en nuestra boca. Cuando caminamos, no nos percatamos de nuestras propias piernas. ¿Somos conscientes de nuestra respiración? Al mirar a nuestro alrededor y observar toda la belleza y la fealdad ante nosotros, ¿somos conscientes de nuestros propios ojos? Llevamos una vida inconsciente. ¿Cómo podemos sentirnos orgullosos y pensar que somos conscientes y que lo conocemos todo?

Podemos negar a Dios, pero el intelecto no puede probar la existencia o la inexistencia de Dios. Si el intelecto fuese capaz de probar la existencia de Dios — si el intelecto pudiera contener a Dios dentro de su dominio — ello sólo significaría que el intelecto es más grande que Dios. Si Dios pudiese ser comprendido por medio del intelecto, entonces Dios y la religión no serían necesarios en absoluto. La ciencia y el intelecto serían suficientes. Un dios bajo el control del intelecto no es lo que necesitamos. Lo que necesitamos es fe en un Poder Supremo que controla todo el universo, que está más allá de la mente y los sentidos. Sólo la fe en ese Poder Cósmico, junto con la meditación para conocer ese Poder Supremo, nos ayudarán a alcanzar el conocimiento del Yo, la unión, la paz, y la armonía.

Deberíamos investigar el Origen de ese poder, que hace funcionar incluso al intelecto. Ese Poder existe dentro de nosotros mismos. Es el propio substrato de nuestra existencia — y nuestra existencia no puede ser negada. La existencia del mundo, la existencia de todas las cosas de la Naturaleza, no puede ser negada. La verdad "yo existo" es manifiesta. Se puede negar a Dios diciendo: "Dios es sólo una creencia," pero la existencia no puede refutarse. Esa existencia, ese Poder Cósmico, es Dios. Dios no tiene manos, ni piernas, ni ojos, ni cuerpo, independientemente de los nuestros. Él se mueve a través de nuestras manos, camina a través de nuestras piernas, ve a través de nuestros ojos, y es Él quien late dentro del corazón de cada uno de nosotros.

En una aldea había una hermosa estatua de un gran *Mahâtma* con sus brazos extendidos. En una placa que se encontraba debajo de la estatua estaban inscriptas estas palabras: "¡Venid a Mis brazos!" Un día se produjo un terrible disturbio en la aldea, hubo mucha destrucción por todas partes, y la estatua fue dañada — los brazos se rompieron y desprendieron. Los aldeanos amaban la estatua y quedaron muy afectados por el daño. Se reunieron y decidieron hacerle brazos nuevos a la estatua. Pero un anciano se puso de pie entre ellos y dijo: "No, no os preocupéis acerca de construir brazos nuevos para la estatua. Que quede sin brazos."

Los aldeanos se preguntaron: "¿Pero qué hay de la placa de abajo? Allí dice: '¡Venid a mis *brazos!*'" El anciano respondió: "Ese no es ningún problema. Justo debajo de las palabras, 'Venid a mis brazos,' vosotros deberíais agregar: 'Pero no tengo otros brazos que los vuestros.'"

"Venid a mis brazos, *pero yo no tengo otros brazos que los vuestros*," — eso es lo que Dios está diciéndonos constantemente.

Cuando nace un niño, el bebé no está condicionado por nada. Pero la gente que rodea al niño — sus padres, hermanos, amigos y sociedad — le enseñan a adquirir diferentes hábitos. Lo crían de una cierta manera, en una cierta cultura, con el idioma, la comida, la educación, la religión, las costumbres, y los hábitos propios de esa cultura. Todo a su alrededor lo condiciona. Le enseñamos de todo — salvo acerca del poder infinito de su propio Yo superior.

Sólo los seres humanos somos conscientes del yo. Una vaca o un perro no son auto-conscientes. Una vaca nunca piensa: "Yo soy una vaca de la India o una vaca norteamericana, una vaca negra o blanca." Sólo el hombre es consciente de tales diferencias.

Este universo es uno, no muchos. El hombre ha dividido al mundo en fragmentos, no Dios. Es el hombre quien, por medio de sus pensamientos y acciones, crea tumulto y desintegración en la unidad natural y armoniosa del mundo. Cada átomo sirve como unidad constructora de este universo y está intrínsecamente conectado a todos los otros átomos. Este planeta en el que vivimos no es una entidad aislada funcionando separadamente del universo. Todas las cosas son partes del Todo. Cuando algo bueno y elevador sucede en algún lado, esas vibraciones se reflejan en la única Mente Universal. En el caso de una mala acción, se reflejarán vibraciones negativas. La intensidad del reflejo depende de la intensidad de las buenas o malas acciones que realizamos. Desafortunadamente, en el mundo moderno, el egoísmo humano y el mal han llegado a ser predominantes. Como resultado de ello, las vibraciones de la única familia mundial reflejan esa negatividad.

La fuerza vital que palpita en los árboles, las plantas, y los animales es la misma fuerza vital que vibra dentro nuestro. La misma energía de vida que nos da el poder para hablar y para cantar, es el poder que se encuentra detrás de la canción del ave y del rugir del león. La misma conciencia que fluye dentro y a través de cada ser humano, confiere su poder al movimiento del viento, a la corriente del río, y a la luz del sol. ¿Cómo puede haber algún sentimiento de diferencia una vez que se comprende este sutil principio? Cuando evaluemos nuestro crecimiento y nuestro desarrollo a la luz de esta gran Verdad, es posible que nos preguntemos si los seres humanos realmente nos hemos desarrollado y hemos crecido en algo. El progreso que vemos en la actualidad es crecimiento dividido. Sólo algunas partes están creciendo — el mundo como un todo sigue estando enfermo. A esto no lo podemos llamar verdadero progreso.

Tomemos como ejemplo el cuerpo humano. El cuerpo como un todo, con todos sus órganos internos y externos, debe crecer en proporción adecuada para mantener su salud y bienestar. Sólo entonces lo podemos considerar verdadero progreso. Si crece únicamente la cabeza, y todas las demás partes del cuerpo no se desarrollan, ello sólo puede considerarse como un crecimiento enfermo y desproporcionado. Una persona así sería deforme y enferma. Del mismo modo, las naciones deben crecer no sólo materialmente, sino también en valores humanos y espirituales.

Esto es como la persona que sufría de dos males. Sus ojos le molestaban y tenía problemas digestivos. El hombre fue a un doctor, quien le dio gotas para los ojos y medicina para su estómago. Desafortunadamente, en su excitación, el paciente confundió las instrucciones del médico; se fue a su casa y bebió una dosis de las gotas para los ojos y vertió la medicina para el estómago en sus ojos. Por lo tanto, ambos problemas se agravaron. Del mismo modo, nosotros estamos confundiendo los dos envases, tomando la medicina incorrecta para el mal incorrecto. Hoy hay gran confusión respecto a nuestras vidas. La importancia que le damos actualmente al cuerpo y al mundo externo debería ser dirigida hacia el desarrollo de nuestro conocimiento del Poder Universal que mora en nuestro interior. Pero lo hacemos al revés. El resultado de esto es un mundo que se deteriora rápidamente.

La mente humana se está dividiendo más y más. Hubo un tiempo en el que sólo un doctor era suficiente para todas las diferentes enfermedades. Hoy, tenemos médicos para cada una de las enfermedades. Hay un médico para el intestino grueso, y otro médico diferente para el intestino delgado. El especialista en oídos, nariz, y garganta no sabe mucho acerca de los ojos, ni el especialista en corazón sabe mucho del estómago. A ellos no les interesan otras partes más que las de su propio campo de especialización. Sólo si se considera al cuerpo entero como un todo, podrá ser de lo más efectivo el tratamiento. Sólo entonces se puede lograr la salud perfecta.

¿Cuántos médicos saben todo acerca de todo el organismo físico? Los doctores han estudiado, pero su conocimiento sigue siendo sólo teórico. En la vida práctica ellos están interesados solamente en un aspecto particular del cuerpo. Amma no está diciendo que la especialización es inútil. Por supuesto, es beneficiosa; ha ayudado a determinar la causa raíz de cada enfermedad y a desarrollar tratamiento efectivo. Sin embargo, de un doctor para todo el cuerpo, ahora hemos llegado a una situación donde necesitamos un doctor para cada órgano del cuerpo. La mente continúa dividiéndose. Los talentos y las capacidades humanas no están siendo aprovechadas de un modo apropiado. Debido a las divisiones de la mente y de nuestras energías, nuestros talentos reales no se están expresando. A causa de esta división, nuestro poder de concentración y nuestra vitalidad se están debilitando.

Los seres humanos clasifican por categorías y separan en departamentos todas las áreas de la vida. Dividen todo. Al dividirse la mente, la vida del hombre también se divide. La división en la mente de un individuo puede causar división en la familia, que a su vez se reflejará en la sociedad, en la nación, y en el mundo entero. Esta actitud de división se está difundiendo como una enfermedad contagiosa. Toda la raza humana está siendo dividida. La gente se está dividiendo, tanto internamente como externamente. Media un gran abismo entre esto y la unión y la integración. La razón de esta división y confusión es nuestra ignorancia del principio esencial de la vida.

Como el cuerpo, este mundo es un todo —una unidad. Las diferentes naciones son sus diferentes órganos. La gente que vive en este planeta es el alma, la vida, de este mundo. Deberíamos mostrar el mismo anhelo para crear armonía en el mundo interior — la vida misma de un país — como mostramos hacia el progreso material en el mundo externo. Los pensamientos y las acciones de la gente le dan a cada país su poder, su vitalidad, y su paz.

En el pasado, la Naturaleza nos protegía, nos nutría, y nos sostenía. Pero la interferencia poco inteligente del hombre, y la explotación egoísta a la Madre Naturaleza han perturbado su delicado equilibrio. Esto se está manifestando en efectos negativos por todo el mundo. La lluvia, el viento, y el brillo del sol, que solían llegar en la estación y la proporción apropiadas, ahora llegan irregularmente, a menudo con efectos devastadores. Es nuestra responsabilidad devolverle a la Naturaleza su perdida armonía.

La gente, especialmente la generación joven, se está volviendo adicta a drogas y otras sustancias que embriagan, perdiendo así su vitalidad, su creatividad, y su capacidad para beneficiarse a sí misma y para beneficiar al mundo. La generación más joven, que está destinada a florecer y dar fragancia al mundo, está en cambio marchitándose en el estado de capullo. Una generación ya se ha desviado del sendero de la rectitud. Para reconstruir una sociedad sana y saludable, a los niños se les deben enseñar los valores morales y espirituales. Este énfasis debería integrarse a los sistemas educacionales del mundo.

La corrección de estas condiciones cruciales, que afectan el futuro del mundo, debería ser reconocida como una importante meta del siglo XXI.

Un único y mismo ritmo armonioso palpita dentro de toda la creación. Una vez que realicemos esta verdad, todas las contradicciones y diferencias se disolverán y desaparecerán. Entonces oiremos la música eterna del Yo superior, tanto adentro como afuera. La flor divina de la paz, el amor, y la tranquilidad florecerá, y su aroma se esparcirá a lo largo del mundo.

Actualmente cada país está interesado únicamente en su propio progreso. Los sentimientos de los demás y las tradiciones de otras naciones son ignorados por completo. Cuando evaluamos esta situación, considerando al mundo entero como un único cuerpo, como una unidad, tal crecimiento sólo puede verse como crecimiento parcial. Una nación es sólo un órgano, una parte del único cuerpo del mundo. ¿Cómo, entonces, puede considerarse como crecimiento total e integral el supuesto crecimiento de tan sólo un país? Un crecimiento así nunca va a ayudarnos a lograr la paz y la unión, porque el desarrollo de las otras partes del cuerpo del mundo continúa atrofiado.

La gente en muchos países está sufriendo; las personas están siendo torturadas. Cuando un país no realiza esfuerzos para comprender y absorber los sentimientos y las tradiciones de otra nación, o cuando trata de pisotear esa nación, es como lastimar nuestra mano izquierda con nuestra mano derecha, o como si estuviésemos tratando de sacarnos nuestro propio ojo. Es como una persona torturando a los miembros de su propia familia sólo para poder satisfacer sus deseos.

Hemos olvidado que el trabajar por la restitución de la paz y la unión en este mundo es el primero y principal deber de todos los seres humanos. Sin comprender plenamente la subyacente unidad del Yo superior — la única Conciencia que todo lo penetra — la paz y la unión no pueden alcanzarse. Para cumplir con este deber, debemos crecer espiritualmente junto con nuestro progreso material. Cada nación debería desarrollar una actitud de unidad, abandonando todo sentimiento de división. Cada país debería dar pasos hacia la prosperidad material plantando sus pies firmemente sobre esa base de unidad.

Cada país debería realizar un esfuerzo consciente para entender a los demás países y para ser más sensible respecto a las demás naciones. Deberíamos ver a cada nación como una parte integral de cada una de las otras naciones. Sólo cuando hacemos el esfuerzo para entender las dificultades y el dolor de otros países podemos actuar y trabajar juntos en el espíritu unitario del amor. Sólo entonces crecerá con perfección este mundo, como una unidad, como un todo. Sólo ese crecimiento traerá ecuanimidad, hermandad, y paz. De lo contrario, el resultado es debilidad y deterioro. No ocurrirá ningún verdadero crecimiento.

Este mundo es como una flor. Cada nación es un pétalo. Si un pétalo se infesta, ¿no afecta eso a todos los demás pétalos? ¿No destruye la enfermedad la vida y la belleza de la flor? ¿No es el deber de cada uno de nosotros preservar la belleza y la fragancia de esta flor que es el mundo y protegerla de ser destruida? Este mundo nuestro es una maravillosa gran flor con muchos pétalos. Sólo cuando esto sea comprendido, e inculcado profundamente en nosotros, habrá algo de paz y unión reales. La lucha entre las naciones es como una disputa entre los pétalos de una flor. La competición entre los pétalos sólo resultará en que todos los pétalos se marchiten. Toda la flor quedará destruida. La división tan sólo disipará nuestra energía y nuestra vitalidad; el verdadero poder se encuentra en la unión, no en la división.

El mundo entero se convertirá en nuestra familia una vez que comprendamos nuestra unidad con ese Poder Universal. Una vez que este conocimiento despierta en nosotros, ya no podemos trabajar por sólo unas pocas personas, o por una única comunidad, o por una nación en particular. Una vez que realizamos esta verdad, el universo entero se convierte en nuestra propia morada. Toda la creación se hace nuestra. Percibimos entonces que todo está impregnado de la conciencia de Dios, del Supremo Poder Divino. Todas las cosas son vistas como diferentes nombres y formas de ese Poder Divino. Este universo se convierte en nuestro propio cuerpo; las distintas naciones y su gente se vuelven partes de nuestro cuerpo universal. Aquéllos que experimentan esto están más allá de toda división. Ellos se convierten en personalidades totalmente indivisas e integradas. Tales personalidades son la personificación del Amor puro e inmaculado. Expresando ese Amor Divino a través de todas sus palabras y acciones, ellos inspiran a la gente y transforman sus vidas.

Juntos somos un poder, un poder invencible. Cuando trabajamos juntos, tomados de la mano, con amor, no es sólo una fuerza vital, sino la energía de vida de innumerables personas, de todo un grupo, la que fluye en armonía, sin impedimentos. A partir de esa corriente constante de unión, se producirá el verdadero progreso, y veremos el nacimiento de la paz.

Una gota de agua no puede ser un río; un río está formado por numerosas gotas de agua. Es la unión de incontables gotas lo que crea una corriente. La corriente real de vida yace en la unión, en la unidad que surge del amor.

Oremos y meditemos juntos. Esa es la manera de alcanzar la costa de la paz. Cuando meditemos y recemos como grupo, la energía de vida de todos nosotros va a fluir armoniosamente en una única corriente difundiendo una fragancia divina empapada de la dulzura del amor. Esto creará vibraciones de paz y unión en la atmósfera. Sintonizando nuestras mentes al único Poder Supremo y olvidando todo pensamiento de división, abramos nuestros corazones y repitamos sinceramente la siguiente plegaria:

Lokah Samastah Sukhino Bhavantu
Om Shanti Shanti Shantihi

Que todos los seres de este mundo y de todos los demás mundos tengan paz y felicidad.
Om paz, paz, paz.

Durante tales momentos de oración, las vibraciones de la plegaria se reflejarán en las mentes de todos, dando así paz y tranquilidad.

www.ingramcontent.com/pod-product-compliance
Lightning Source LLC
Chambersburg PA
CBHW070049070426
42449CB00012BA/3196